On trouve à Paris chez le même Libraire, le Breviaire Romain noté selon ce nouveau Syſtême, & la Réponſe à la Critique, dans laquelle ſont les Approbations de Meſſieurs de l'Académie Royale des Sciences, & des plus habiles Muſiciens de Paris, & leſquelles auroient été trop longues à rapporter dans la preſente Méthode.

Et à Lyon chez Plagniard, Marchand Libraire, dans la rue Merciere.

# RÉPONSE
## A LA CRITIQUE
### DE MONSIEUR ***
### CONTRE
## UN NOUVEAU
## YSTÊME
### DE CHANT.

*ar* MONSIEUR *** *Prêtre.*

A PARIS,

hez Gabriel-François Quillau
Fils, Imp. Jur. Lib. de l'Université,
rue Galande, à l'Annonciation.

M. DCC. XXVII.

*AVEC PERMISSION.*

# RÉPONSE
# A LA CRITIQUE
DE MONSIEUR ✱✱✱
*CONTRE*
UN NOUVEAU
# SYSTÊME
# DE CHANT
TROUVÉ

*PAR MONSIEUR* ✱✱✱ *Prêtre.*

E ne me flatte pas assez pour croire que mon Ouvrage ne trouvera point de contradicteur ; je sçai que l'Antiquité a ses attraits, &

A ij

que le seul nom de nouveau Systême, de nouvelle Méthode, révolte ses défenseurs. Mais le Lecteur équitable ne doit point porter ses jugemens par prévention ; il doit lire un Ouvrage avec réfléxion & sans préjugé : c'est la seule grace que je lui demande. Si après une lecture réfléchie de ma nouvelle Méthode, elle lui paroît aussi épineuse que les anciennes, je consens qu'il la critique pour défendre l'Antiquité.

Mais j'espere le convaincre par le parallele des deux Systêmes, qui sera le sujet de ma Réponse à cette Critique.

1. Des difficultez du Chant selon les anciens Systêmes.

2. De la facilité du Chant selon mon nouveau Systême.

Ce que je vais prouver quant à la spéculation & quant à la pratique.

# PREMIERE PARTIE.

### Des difficultez du Chant selon les anciens Systêmes.

LA gamme, selon les anciens Systêmes, consiste en quatre ou cinq cordes dans le Plein-Chant, & cinq à six, & même sept, huit dans la Musique, & en autant d'espaces entre les cordes ; en trois differentes barres pour separer les syllabes, les mots, & les phrases ; en deux clefs pour le Plein-Chant, & trois pour la Musique ; en dix transpositions de clefs dans le Plein-Chant, & quarante dans la Musique, tant par b mol, par b carre, qu'avec diesis, & en un guidon ; 85 choses absolument nécessaires pour constituer toutes sortes de pieces de Plein-Chant & de Musique, lesquelles sont toutes rendues inutiles par mon nouveau Systême ; & par-là des difficultez sans fin, comme nous le verrons dans la seconde partie.

L'ancienne gamme de plus consiste en sept notes, & en sept sortes de notes pour la Musique, en dix-sept agrémens, quatre poses & trois soupirs, & un signe de renvoi, de répétition, final & bâton de mesure, &c. & c'est ce qu'elle a de commun avec ma nouvelle gamme quant au nom seulement, & non quant à la forme des caracteres & au principe, qui constitue ce qui est essentiel au Chant, comme on le verra dans la seconde partie.

Il n'est pas nécessaire d'établir par une longue dissertation, qu'il est très-difficile d'apprendre le Chant selon les anciens Systêmes ; l'experience le montre assez. Combien de personnes curieuses d'apprendre cette science à cause de ses charmes, ont été rebutées par les difficultez ? Combien peu parmi ceux même qui y ont donné une application de toute leur vie, la possede parfaitement ? Avec quelle rapidité ne l'oublie-t'on point ? Cependant pour réduire à quelque ordre ce que j'ai à dire sur la difficulté de l'ancienne gamme, je m'arrête à trois chefs principaux. 1. Le long temps & les frais qu'il faut pour l'imprimer. 2. La peine qu'elle donne pour l'apprendre. 3. Et ses difficultez pour la mettre en pratique.

Personne n'ignore combien il faut de temps pour faire imprimer le Chant selon les anciennes gammes. Avant qu'un Imprimeur ait mis en pages les 85 caracteres qui servent à constituer la gamme ancienne, plus ou moins selon que l'exige une piece de Chant, ne faut-il pas une peine & un temps sans fin ? Avant d'avoir rangé une clef sur cinq à six cordes avec des espaces & placé les notes à propos, & les autres caracteres qui entrent dans le Chant avec la lettre au-dessous. Il ne faut que l'experience, c'est-àdire voir les livres, & les voir imprimer, pour juger de la grosse quantité de papier des in-folio prodigieux & à grands frais ; à peine une page suffit-elle pour noter une phrase.

Ces grands frais inévitables ont privé le Public de l'agrément de pouvoir chanter les louanges du Seigneur ; & aujourd'hui dans les plus fameuses Cathedrales, on se sert, quant aux livres complets, de vieux livres qui ont plus de cent ans, usez & déchirez, parceque les Chapitres & les Dioceses ne sont point en état de fournir aux frais immenses d'une nouvelle impression. Encore seroit-ce quelque chose, si avec beaucoup d'argent & de peine, on pouvoit s'assurer d'avoir une piece exacte, & tout le Plein-Chant de l'Eglise dans un même livre commode à porter.

Mais où trouver des Imprimeurs assez versez dans la science du Plein-Chant ou de la Musique, pour ne point se méprendre dans cette multitude de transpositions de clefs au nombre de dix dans le Plein Chant, & de 40 dans la Musique, comme je l'ai déja remarqué : aussi quantité de pieces de Chant sont-elles défectueuses.

Et comment pourroit-on mettre tout le Plein-Chant dans des livres commodes à porter ? Il est impossible, si ce n'est en multipliant ceux que nous avons aujourd'hui. A sçavoir, l'Antiphonier complet en deux in-folio, en trente petits in-douze. Le Pseautier, un in-folio, en cinq à six. Le Graduel un in-folio, en vingt-quatre. Le Processional un in-octavo, en trois petits in-douze. Pour lors les Chanoines & les Religieux en allant aux Offices n'auroient qu'à se charger d'une hote faite exprès pour porter cette multiplication de livres qui toutefois seroient toujours très-incommodes, ainsi que le sçavent ceux qui s'en servent, étant obligez de prendre un volume pour chanter une Antienne, puis en prendre un autre pour chanter le Pseaume, ou pour la Messe, ou pour la Procession.

C'est à quoi je remedie, comme on le verra dans la seconde partie.

Les transpositions font de la Gamme une espece de labyrinte, dont il est très-difficile de trouver l'issue; on passe subitement de la Clef d'*ut* sur la premiere corde à la même Clef, sur la seconde ou la troisiéme; aussitôt on revient à la premiere, & puis la Clef change. Ce n'est que par cette multitude de transpositions qu'on constitue selon l'ancienne Gamme les élévations & les abbaissemens doubles selon l'étendue de la voix humaine ou du son des instrumens artificiels. Or quel embarras de connoître les notes dans ce systême qu'on ne connoît que par le moyen de la Clef, la corde & la note même; trois choses qui concourent à sa conoiſſance. Quel embarras, dis-je, ne vient de dire *la* ſur une corde; il faut dire ſur cette même corde *ut* ou *re*, &c. on ſçait l'ordre des notes ſelon une tranſpoſition; lorſqu'on apprend la ſeconde ou la troiſiéme, on oublie la premiere, ainſi des autres; & ſi on demeure quelque temps ſans s'exercer, on oublie tout.

Les Editeurs du dernier Antiphonier & Graduel de Paris en ont bien ſenti les difficultez. Pour les éviter, ils ont mis juſqu'à ſix cordes dans quelque piece de Plein-Chant; cependant ils s'en ſervent en quelques endroits, comme auſſi des differentes Clefs, ce qui évite une ſeule difficulté qui eſt dans les autres Antiphoniers; à ſçavoir, que leurs differentes poſitions de Clefs ne ſe trouvant jamais au milieu d'une piece de chant, deux notes qui forment un degré conjoint ou intervalle ne ſont point mal diſpoſées. Par exemple, deux notes qui forment une tierce qui devroit être de distance sur deux cordes, se trouvent sur la même corde: ce qui arrive & fait manquer infailliblement dans le temps des transpositions dans la même piece de chant.

Il faut donc avoir recours au nouveau système, qui, comme on le verra dans la seconde partie, est exemt de toutes ces difficultez.

On n'a pas surmonté toutes les difficultez de l'ancienne Gamme, lorsqu'après un très-long temps d'exercice on est venu à bout de sçavoir un peu chanter selon les differentes transpositions. Il faut encore appliquer la lettre au son des notes, & cet embaras n'est pas moindre que le précedent. Comme les notes sont fort au-dessus des syllabes, avec les differens caracteres & la difficulté de la Gamme, ils fatiguent tellement le jugement, la memoire, la vûe & l'attention, que les esprits inferieurs sont alteez par la multiplicité des regles & des objets ; & les esprits superieurs très-fatiguez.

Je ne suis pas surpris après toutes ces difficultez, que plusieurs se rebutent & abandonnent le chant; mais je suis étonné que quelques-uns perseverent. Voilà une partie des difficultez du chant selon les anciens systêmes quant à la speculation; mais quant à la pratique, quel chagrin n'ont pas quantité de personnes que nous voyons par experience avoir la voix très-propre pour la Musique, & même formée, & qui ne la peuvent chanter dans les livres à cause des difficultez qu'ils n'ont pû surmonter: ceux-là meritent bien qu'on tâche d'abreger & diminuer leurs peines : c'est ce que j'ai eu vûe en donnant au Public cette nouvelle Gamme.

## SECONDE PARTIE.

*De la facilité du Chant, selon mon nouveau Systême.*

POUR constituer le Chant, il faut que la Gamme d'un Systême fasse trois choses principales, à sçavoir, donner le nom aux sept notes, *ut*, *re*, *mi*, *fa*, *sol*, *la*, *si*; fournir les notes nécessaires pour les élévations & abbaissemens doubles, selon l'étendue de la voix humaine ou du son des instrumens artificiels, & former une distance juste entre deux notes qui forment un ton ou un intervalle, moyennant quoi on pourra constituer toutes sortes de pieces de Plein-Chant & de Musique : le reste ne dépendant plus que de certains caracteres qui signifient quelque chose qui leur est particulier.

Ma nouvelle Gamme constitue les trois choses essentielles au chant, d'une maniere, sans comparaison, plus courte, plus facile, & plus sure à imprimer, à apprendre, & à mettre en pratique que les anciennes, le tout par un seul principe & un caractere, distingué cependant en trois differentes manieres, pour constituer trois octaves. Le caractere est rond, & constitue une octave moyenne ; ou losange, & constitue une octave au-dessus ; ou carré, & constitue une octave au-dessous.

Le principe est que le caractere étant tourné vers differens coins d'une page, donne le nom aux sept notes, & en même temps forme la distance qui doit être entre les degrez conjoints & les differens intervalles, toujours également & d'une maniere très-juste, & marque les élévations & abbaissemens doubles de la voix par la succession des trois caracteres differens. Pour le comprendre facilement il n'y a qu'à folfier un fois la Gamme, page 27, du Livre qu'on imprime chez M. Quillau fils, rue Galande, à l'Annonciation, dont l'impreſſion finira à la S. Jean. Il eſt aiſé de diſtinguer lorſque le chant monte ou deſcend; s'il monte, les caracteres tournent à droite, & s'il deſcend ils tournent à gauche, comme on le peut voir dans la Methode.

Toutes les cordes, barres, clefs, & tranſpoſitions, étant ſupprimées par le principe de cette nouvelle gamme, on épargne de gros frais pour la quantité du papier; puiſqu'on peut renfermer dans un ſeul petit in-douze commode à porter dans la poche generalement tout le Plein-Chant de l'Egliſe; à ſçavoir, le Pſeautier, l'Antiphonier, le Graduel, le Proceſſional, & ce qu'il y a de chant dans le Rituel, avec une methode de Plein-Chant, & de plus toute la rubrique du Breviaire

viaire en françois ; un extrait des Rubriques, un des Cérémonies, & un du Rituel. Enfin le Livre peut servir encore d'Heures aux Laïques, & de Diurnal aux Ecclesiastiques, & procurera pour un écu ce qui en coûte aujourd'hui plus de cent : ce qui paroît d'une très-grande utilité pour le public.

Les Imprimeurs n'auront besoin ni d'une aussi grande connoissance du Chant, ni d'une application aussi sérieuse. Faut-il s'appliquer beaucoup pour connoître un caractere ? & une personne peu versée dans le chant, ne peut-elle pas imprimer selon cette gamme une piece de Chant avec plus d'exactitude qu'un homme très habile selon l'ancienne, qui a 85 ingrediens à arranger de plus que ce premier ?

Cette nouvelle Gamme n'est pas moins facile à apprendre qu'à l'imprimer ; & j'offre à tous ceux qui me feront l'amitié de me critiquer, de leur en donner des preuves à ne pouvoir douter de sa grande facilité par des experiences, ainsi que j'ai déja fait en plusieurs rencontres. Qu'ils m'amenent deux personnes, dont l'une sçaura le chant, & l'autre ne sçaura pas même lire, s'ils veulent? je promets que dans une demie-heure le premier chantera & solfiera plus facilement dans mon nouveau Livre que non pas dans les anciens ; & l'autre solfiera la plus difficile piece de la Musique qu'on souhaitera, toutefois sans chanter, n'ayant pas la voix formée.

Car dans cette nouvelle Gamme ce n'est pas une certitude de conjecture qui dirige comme dans les anciennes ; mais une connoissance assurée de la Note qui n'est sujette à aucun changement, par des transpositions qu'elle abolit ; & un enfant qui ne sçait rien du tout, dans un moment peut assurer avec plus de fermeté de l'*ut*, qu'il est un *ut*, du *re* un *re*, &c. qu'il n'assure en apprenant l'Alphabet de l'*a* que c'est un *a*, du *b* un *b*, &c. Ainsi, sans avoir besoin d'une grande memoire, ni de beaucoup de jugement, il peut chanter aussi facilement qu'il lit ; les Notes suivant toujours les syllabes sur lesquelles elles doivent être chantées, sa vûe & son attention ne sont point fatiguées comme dans l'ancienne Gamme, & il lui est impossible de se méprendre, & d'appliquer la Note à faux.

La distance qui doit être entre deux Notes qui forment un degré conjoint ou un intervalle, tierce, quarte, quinte, sixte ou octave, se trouve toujours très-sensible & égale, soit que le Chant monte ou descende ; parceque cette distance consistant dans les differens coins d'une page où les caracteres peuvent être tournez, soit qu'on imprime menu ou gros, elle est toujours égale, parcequ'on n'approche pas pour cela les differens coins d'une page dont la distance est sans comparaison plus sensible que celle d'une corde à un espace, & d'un espace à une corde dans l'ancienne Gamme, qui par les transpositions des clefs fait que deux Notes qui forment une tierce ou quarte, &c. sont disposées en degré conjoint, ou même sur la même corde, & par-là font infailliblement manquer, ce qui ne peut jamais arriver dans cette nouvelle Gamme, qui n'admet aucune transposition, & par-là évite tous les bouleversemens & confusions de Notes de l'ancienne.

Quiconque se voudra donner la peine d'examiner le nouveau Système; plus il l'examinera, plus il apperçevra des avantages sur les autres dont il me faudroit composer un gros Livre, si j'approfondissois ici cette science; mais comme les preuves d'expérience sont les plus propres à convaincre un Critique, c'est ce qui me fera continuer de répondre toujours aux autres objections par des offres d'expérience, soit pour le Plein-Chant, soit pour la Musique : ce sont en partie ces sortes d'expériences qui ont déterminé mes Approbateurs à goûter ce nouveau Systême, & à me donner des certificats que je juge à propos de rapporter ici, après leur avoir prouvé, quant à la spéculation, & quant à la pratique, les susdits avantages de la nouvelle Gamme.

---

## APPROBATION
de l'Academie Royale des Sciences.

*Extrait des Regiſtres de l'Academie Royale des Sciences.*

### Du 4 Juin 1726.

MESSIEURS de Mairan & de Maupertuis qui avoient été nommez pour examiner une nouvelle maniere trouvée par M*** Prêtre, d'écrire le Plein-Chant avec des Notes qui pouvant appartenir à trois octaves differentes, marquent par leurs differentes figures à quelle octave elles appartiennent, & qui de plus ont des queues qui marquent leurs noms par leurs figures, & par leur position ou diſtinction vers le haut ou le bas de la page ; & vers ces quatre angles chaque ſyllabe d'un mot étant de plus ſuivie de ſa note, en ayant fait leur rapport ; la Compagnie a jugé que cette idée étoit une petite partie de ce que M. Sauveur a donné ; que la methode propoſée peut avoir lieu pour le Plein-Chant, & que les caracteres qu'on a inventez feront vrai-ſemblablement plus commodes que beaucoup d'autres qu'on pourroit imaginer : En foi de quoi j'ai ſigné le preſent Certificat. A Paris ce 6 Juin 1726. FONTENELLE, Secretaire perpetuel de l'Academie Royale des Sciences.

On m'objecte ſur cette Approbation, que mon Syſtême n'étant

qu'une petite partie de ce qu'a fait M. Sauveur, & que tout ce qu'a fait M. Sauveur n'étant pas plus facile que la methode d'aujourd'hui qui a toujours prévalu à la sienne, donc elle prévaudra auſſi à la mienne comme étant plus facile.

Ce que je nie abſolument, parceque dans ce commencement où je n'ai d'abord preſenté à Meſſieurs de l'Academie Royale des Sciences qu'une Methode ſelon ce Syſtême pour le Plein-Chant qui eſt une partie de la Muſique, ils ont eu raiſon de dire que cette Methode n'étoit qu'une petite partie de ce qu'a fait feu M. Sauveur de leur Academie, qui a traité toute la Muſique avec une érudition ſans pareille, & a fait quelque choſe de très-curieux, très-beau & très-facile: mais ce n'eſt pas à dire que le Syſtême de M. Sauveur & le mien ſoit le même, étant entierement different dans leurs regles, le principe & la maniere dont nous nous servons pour conſtituer tout ce qui eſt eſſentiel au Chant ; & il n'y a qu'à examiner les deux Syſtêmes pour en juger ; M. Sauveur ſe ſervant toujours de clefs, de cordes, & de barres, &c. dans la Muſique & le Plein-Chant ; & moi n'en ayant aucunement beſoin, & mettant chaque Note auſſi après les ſyllabes auſquelles elles appartiennent, & lui étant toujours obligé de mettre la lettre au-deſſous de la Note.

Ainſi ce nouveau Syſtême étant entierement different non-ſeulement de celui de M. Sauveur, mais encore de tous les autres qui ont paru juſqu'à preſent, comme on le peut voir dans M. Sauveur même qui les rapporte tous, doit prévaloir à tous les autres à cauſe du principe qui eſt très-naturel, & à la portée de tout le monde, & des caracteres, qui, comme l'avouent Meſſieurs de l'Academie, ſont vraiſemblablement

semblablement plus commodes que même beaucoup d'autres, qu'on pourroit imaginer.

---

*AUTRE APPROBATION.*

APRES avoir lû & examiné avec attention *le nouveau Systême de Chant* de M. l'Abbé *** je l'ai trouvé fort utile ayant les qualitez qu'il prouve : En foi de quoi j'ai signé la presente Attestation. Ensuite cet Eloge,

*Tantum ergo institutum*
*Approbetur visui,*
*Et antiquum documentum*
*Novo cedat ritui,*
*Ut facilitas sit supplementum*
*Sensuum defectui.*

Ce 25 Sept. 1726. GUILLERY, Me de Musique de S. Germain de l'Aux.

---

*AUTRE APPROBATION.*

J'AI examiné avec attention *le nouveau Systême de Plein-Chant* par M. l'Abbé *** Après avoir vû

C

l'Approbation de Messieurs de l'Académie Royale des Sciences, & de quelques autres, je lui ai aussi donné la mienne. A Paris, ce 15 Août 1726.

 Campras, Maître de Musique du Roy.

*AUTRE APPROBATION.*

JE Prêtre soussigné, après avoir examiné & conferé avec M. l'Abbé *** sur *le nouveau Système de Plein-Chant*, j'ai connu que les moyens dont il se sert pour apprendre en peu de temps le Plein-Chant, sont sûrs, & que le susdit Système sera utile : En foi de quoi j'ai signé. Ce 16 Décembre 1726.

 De la Croix, Maître de Musique du Roy en sa Sainte Chapelle de Paris.

*AUTRE APPROBATION.*

J'AI lû & examiné *le Système nouveau* de M*** pour le Plein-Chant ; il m'a paru très-utile, &

ayant outre cela les qualitez qu'il prouve dans sa Methode. Fait à Paris ce 31 Juillet 1726.

CLERAMBAULT, Maître de Musique de S. Sulpice.

*AUTRE APPROBATION.*

APRE'S avoir examiné à fond *le Système* de M*** il m'a paru qu'il pouvoit être très-utile au Public, pour apprendre en peu de temps le Plein-Chant & la Musique, & que sa Methode est beaucoup plus courte, plus facile, & plus sûre que toutes celles qui ont paru jusqu'à present, & qu'à cause de ses prérogatives on peut à juste titre l'appeller *le Système d'Or.* Fait à Paris ce 24 Octobre 1726.

COTTAIS, Prêtre, Maître de Musique de Saint Eustache.

*AUTRE APPROBATION.*

J'AI lû & examiné *le Système nouveau* de M*** pour le Plein-Chant; je l'ai trouvé bon, à condition que ceux qui sçavent la Musique seront obligez d'étudier la maniere dont il est écrit, parcequ'il ne se sert que d'une même ligne. Fait à Paris ce trentiéme Juillet 1726.

L'Alouette, Maître de Musique de Notre-Dame.

J'ai mis cette derniere Approbation après les autres, pour répondre plus aisément à l'objection que vous me faites ; à sçavoir, que vous êtes du sentiment de M. l'Alouette, que ce Systême obligeant les personnes mêmes qui sçavent la Musique à une nouvelle étude, ce seroit avoir perdu le bon sens que de se gêner jusqu'à ce point : à quoi je répond, que c'est un petit inconvenient que celui-là, puisque j'ai fait voir à M. de l'Alouette même, lorsqu'il m'a fait l'amitié de me faire part de ses lumieres, que ses Enfans de Chœur solfioient dans le moment après une simple explication de la Gamme ; ainsi rien de plus naturel que la condition qu'il met dans son Approbation : il estime possible de sçavoir une chose nouvelle sans l'avoir étudiée ; mais ici l'étude est si petite qu'il ne vaut pas la peine d'en parler. Voilà les heureuses assurances que j'ai prises, me défiant entierement de mes propres lumieres, pour parvenir au but que je me suis proposé, qui est de contribuer à la plus grande gloire de Dieu, l'honneur dû aux Saints, & à l'édification des Fideles.

En rendant la science du Chant à la portée generalement de tout le monde, petits & grands, & procurant tout le Chant de l'Eglise dans un petit livre de poche, à très-bon marché ; ce qui me paroît non-seulement utile dans la Religion, mais encore nécessaire, étant certain qu'il n'est rien de si nécessaire & qui convienne mieux à l'homme, ni même qui l'oblige davantage que de sçavoir la maniere de bien servir Dieu & le louer, ce qui est la science des Anges & leurs continuelles occupations, & doit être aussi celle des hommes, puisqu'ils regardent un même objet avec les Esprits bienheureux, & servent un même Seigneur.

Tout homme est obligé de se perfectionner en cette science divine aussitôt qu'il est capable de raison ; & même, s'il en avoit l'usage dès le moment qu'il commence à vivre au monde, il seroit obligé dès ce moment de se convertir au Seigneur & de le louer.

Or, il est sûr que la maniere de bien servir Dieu & le louer à toujours, consiste & consistera en des prieres accompagnées de saintes ceremonies, & principalement du Chant, qui selon plusieurs saints Personnages, est un exercice spirituel de la créature, par le moyen duquel elle rend hommage à son Créateur, & chante ses divines louanges ; que c'est la plus noble & la plus sainte occupation des hommes, puisqu'ils peuvent faire sur la terre ce que les Anges s'estiment heureux de faire continuellement dans le Ciel ; que c'est un sacrifice de louange que ce grand Dieu recherche tant de nous, & duquel parle si souvent le Prophete Roy en ses Pseaumes ; que c'est un sacrifice indeterminé qui ne s'offre pas seulement au matin & au soir, comme les sacrifices anciens, mais qu'on peut offrir en tout temps, en tout lieu, à toute heure, & à tout moment ; & de plus que c'est un sacrifice continuel qui n'aura jamais de fin, car il sera pour toute l'éternité. Sa mélodie contient tant de divins attraits à la pratique de la vertu, que le Saint-Esprit n'a, ce semble, rien plus en recommandation que de nous exhorter à notre devoir envers Dieu par des prieres accompagnées du chant, comme nous lisons au Pseaume 46 : *Chantez à notre Dieu ; chantez à notre Roy ; chantez, parceque Dieu est le Roy de toute la terre ;* & un peu plus bas : *Chantez sagement* ; & au 67. *Que tous les Royaumes chantent à Dieu*, &c.

Aussi le Roy Prophete en a tant fait de cas, qu'il ne se qualifie d'aucun titre au 2. livre des Rois chap. 23. que de ce qu'il est un excellent Chantre entre les enfans d'Israel ; & Saint Gregoire le Grand, souverain Pontife, en le réformant, l'enseignoit lui-même aux enfans de chœur.

Il est à conclure de tout cela, que tous les Chrétiens de l'un & de l'autre sexe, & particulierement ceux qui sont consacrez aux cultes des Autels doivent prendre un soin particulier de se perfectionner dans ce saint exercice, afin d'être participant des graces qui y sont attachées : ce qui fait que l'Eglise a toujours fait beaucoup de cas de tout ce qui a pû faciliter cette science. Helas; où est ce sciecle d'or? ce troisiéme siecle de l'Eglise, dans le milieu duquel vivoit Saint Basile, qui dit que de son temps tout le peuple, hommes, femmes & enfans chantoient dans les Eglises ; il compare leurs voix au bruit de la Mer, & Saint Gregoire de Nazianze la compare à un tonnere. Saint Paul & Tertullien nous apprennent que le Chant Ecclesiastique est aussi ancien que l'Eglise, & Saint Basile dit encore que l'on chantoit les Pseaumes dans les maisons particulieres, & dans les Places publiques, & que le plaisir du Chant aidoit à faire entrer dans les esprits les sentimens dont sont remplis ces divins Cantiques, surtout lorsque le Chant est mêlé du son de la voix humaine & des instrumens ; Fortunat Evêque de Poitiers, parlant des Offices de l'Eglise de Paris sous le Pontificat de Saint Germain, fait mention d'Orgues, de Flutes, de Trompettes, &c. Aussi les Saints Peres ont toujours regardé le Chant Ecclesiastique comme très propre à élever le cœur des Fideles & à les faire entrer dans les sentimens que Dieu demande de nous, quand nous assistons aux Offices de l'Eglise.

» Combien versai-je de pleurs, ( dit Saint Augustin ) » lorsque j'en-
» tendois dans votre Eglise chanter
» des Hymnes & des Cantiques à
» votre louange, ô mon Dieu ! en
» même temps que ces sons frap-
» poient mes oreilles, votre verité
» entroit dans mon cœur ; elle ex-
» citoit en moi des mouvemens d'u-
» ne devotion extraordinaire ; elle
» me tiroit des larmes des yeux, &
» me faisoit trouver du soulagement
» & des delices même dans ces
» larmes. Voilà quels ont été les sentimens des Saints & des premiers Chrétiens. La Priere est un devoir indispensable pour nous comme pour eux, étant une des principales parties du culte que

nous rendons à Dieu. Nous sommes composez d'un corps & d'une ame. Dieu est le Créateur de l'un & de l'autre, ainsi tous les deux doivent lui rendre le culte qui lui appartient. On s'en acquite par la prière vocale, accompagnée des desirs du cœur & de l'attention à ce que nous demandons par nos paroles ; notre misere, nos besoins continuels, & son infinie misericorde, sont des motifs qui nous obligent à prier sans cesse, comme Jesus-Christ l'a ordonné.

Heureux Systême ! heureux mille fois l'Auteur ! si ces souhaits étoient accomplis ; si l'on profite de l'occasion qu'il procure pour s'acquitter de ses devoirs envers Dieu par le chant de ses louanges, au lieu d'être dans l'Eglise avec un esprit dissipé, & souvent des pensées criminelles de s'amuser à y parler ou dormir, ou ne point prier ni chanter faute de livres. Heureux, dis-je, serai-je ! si je pouvois un jour voir substituer les Cantiques spirituels aux chansons diaboliques, & les Chantres soulagez dans le chant par les voix de toutes les personnes qui assisteront à l'Office Divin. C'est pour cela que j'ai composé mon Livre de maniere que les femmes qui ont plus le tems d'assister aux Offices que les hommes, puissent avoir non-seulement tout ce qui leur peut être necessaire, mais encore trouver tout facilement ; c'est pourquoi j'ai mis toute la rubrique du Breviaire en françois & un même chifre dans tout le Livre pour faciliter les renvois.

J'ai mis au commencement de ce Livre un Reglement du Chrétien, afin que chacun pouvant l'observer, passe chaque jour sans offenser Dieu ni son prochain.

Après le Reglement suit un Examen pour la Confession très-instructif, non-seulement pour s'examiner, mais encore pour apprendre ce qu'il y a de plus essentiel dans les Catechifmes. Enfuite j'ai mis les Exercices du Chrétien, confiftant dans les Prieres du Matin & du Soir, avant & après la Confeffion & Communion, &c. afin que les laïques ne foient pas obligez avec ce Livre d'en avoir un autre pour ces fortes de Prieres.

La Priere du Matin & du Soir finira toujours par un Pfeaume different felon l'ordre du Pfeautier, avec l'Oraifon de Prime pour le matin, & celle de Complie pour le foir.

Après cela fuit la nouvelle Méthode du Plein-Chant, dont il fuffit de folfier la Gamme une ou deux fois pour pouvoir chanter tout ce qui eft contenu dans le Livre. A quoi j'invite principalement certains efprits fous & deréfonnables qui s'emportent tout d'un coup contre un Auteur & contre fon Livre, fi au premier coup d'œil il ne leur entre pour ainfi dire dans la tête. Ce ne fera qu'à leur confufion, puifque cela leur doit faire voir qu'ils ont moins d'efprit & de bon fens que des petits enfans qui comprennent auffi-tôt, & réduifent en pratique la nouvelle Gamme après l'avoir folfiée.

Après la Méthode commence le Breviaire, que j'ai divifé en plufieurs parties, dont la premiere eft l'Ordinaire de l'Office, contenant la maniere de chanter les differentes parties de l'Office Divin, le tout felon leur ordre. On y a ajouté tout ce qu'il y a de plus curieux & de plus beau en fait de Plein-Chant comme les 8 tons en faux bourdons ; le *Dies iræ* en faux bourdons des Cordeliers ; leurs Antiennes de l'Immaculée Conception ; *Tota pulchra es*, le *Salve Regina* de la Trappe, le chant des Litanies de Meffieurs de l'Oratoire, & le chant ordinaire ; la Litanie de l'enfance de Notre-Seigneur ; la Meffe Royale de M. du Mont, & beaucoup d'autres pieces Musicales pour les Saluts & Benediction du S. Sacrement.

La seconde partie est le Pseautier, dans lequel on a mis les Antiennes tout au long devant leurs Pseaumes avec la finale des tons. A la fin du Pseautier, on a mis les Pseaumes, Graduels, les Pseaumes de la Penitence, l'Itineraire des Ecclesiastiques, la Benediction de la table, la préparation à la Messe, & l'action de grace, afin de trouver plus facilement les Pseaumes qui sont renvoyez dans le Pseautier.

La troisiéme partie est le Commun des Saints, qu'on a cru devoir placer & imprimer aussitôt après le Pseautier, à cause des renvois qui se doivent faire depuis le Propre des Saints & le Propre du Temps.

On a suivi l'ordre des Offices selon la Rubrique ; de sorte qu'après Tierce on a mis la Procession; & après la Procession la Messe.

puis Sexte, &c. On a mis les différens tons & Hymnes selon les differentes Fêtes.

La quatriéme partie est le Propre des Saints, dans lequel on a mis les Saints nouveaux avec leurs Offices qui n'avoient pas encore été notez, comme celui de sainte Elizabeth le 8 Juillet.

La cinquiéme partie est le Propre du Temps, & à la fin un extrait du Rituel, contenant la maniere d'administrer le saint Viatique, l'Extrême-Onction, & faire la recommandation de l'ame aux malades, avec quelque benediction des fruits ou autres chose. On a mis la maniere d'ensevelir les morts au Commun des Saints avant l'Office des morts. Chacun sçait assez combien la multiplicité des Livres dans les fonctions Ecclesiastiques sont embarassant ; c'est ce qui m'a engagé de mettre dans celui-ci tout ce qui peut regarder les fonctions les plus ordinaires de Messieurs les Curez

Curez & autres. On a mis au com&shy;mencement du Livre un extrait de la Rubrique generale, & un extrait du Ceremonial, qui apprend à cha&shy;cun la maniere de chanter l'Office comme il faut, & avec les cérémo&shy;nies & la décence qui convient. Je prie Dieu d'y donner sa sainte be&shy;nediction, afin que chacun en pro&shy;fite pour son salut éternel.

Voilà quel est mon nouveau Syſtême, le Livre, & quels sont leurs avantages, que j'ai cru de&shy;voir mettre dans cette premiere Réponse à votre Critique, soit pour l'inſtruction du Public, soit afin que vous puiſſiez & plus faci&shy;lement étendre votre Critique sur tous les avantages du nouveau Syſtême, s'il y a lieu, & que par-là je puiſſe tout d'un coup voir ce qu'il y auroit à perfectionner dans differentes impreſſions qu'on va commencer. Ce qui me fait finir par vous prier de faire paroître la

D

continuation de votre Critique le plûtôt qu'il vous fera possible, afin de profiter de vos lumieres.

FIN.

## APPROBATION.

JE souffigné, Maître ès Arts en l'Université de Paris, ai lû par ordre de M. le Lieutenant General de Police, un Manuscrit qui a pour titre, *Réponse à la Critique de M\*\*\* contre un nouveau Systéme de Chant trouvé par M\*\*\** dont on peut permettre l'impression. A Paris ce 21 May 1727.

*Signé*, PASSART.

## PERMISSION.

VEU l'Approbation. Permis d'imprimer & débiter, ce 21 May 1727. *Signé*, HERAULT.

*Regiftré fur le Livre de la Communauté des Libraires & Imprimeurs de Paris, num. 1547, conformément aux Réglemens, & notamment à l'Arrêt de la Cour du Parlement du 3 Décembre 1705. A Paris, le vingt-trois May mil sept cent vingt-sept.*

*Signé*, BRUNET, *Syndic.*